Livre de coloriage
de tortue

Coloring Pages for Kids

Coloring Pages for Kids
An imprint of Ciparum LLC

Livre de coloriage de tortue
© 2017 Ciparum LLC
All rights reserved.
ISBN-10:1-63589-526-X
ISBN-13:978-1-63589-526-1

Coloring Pages for Kids

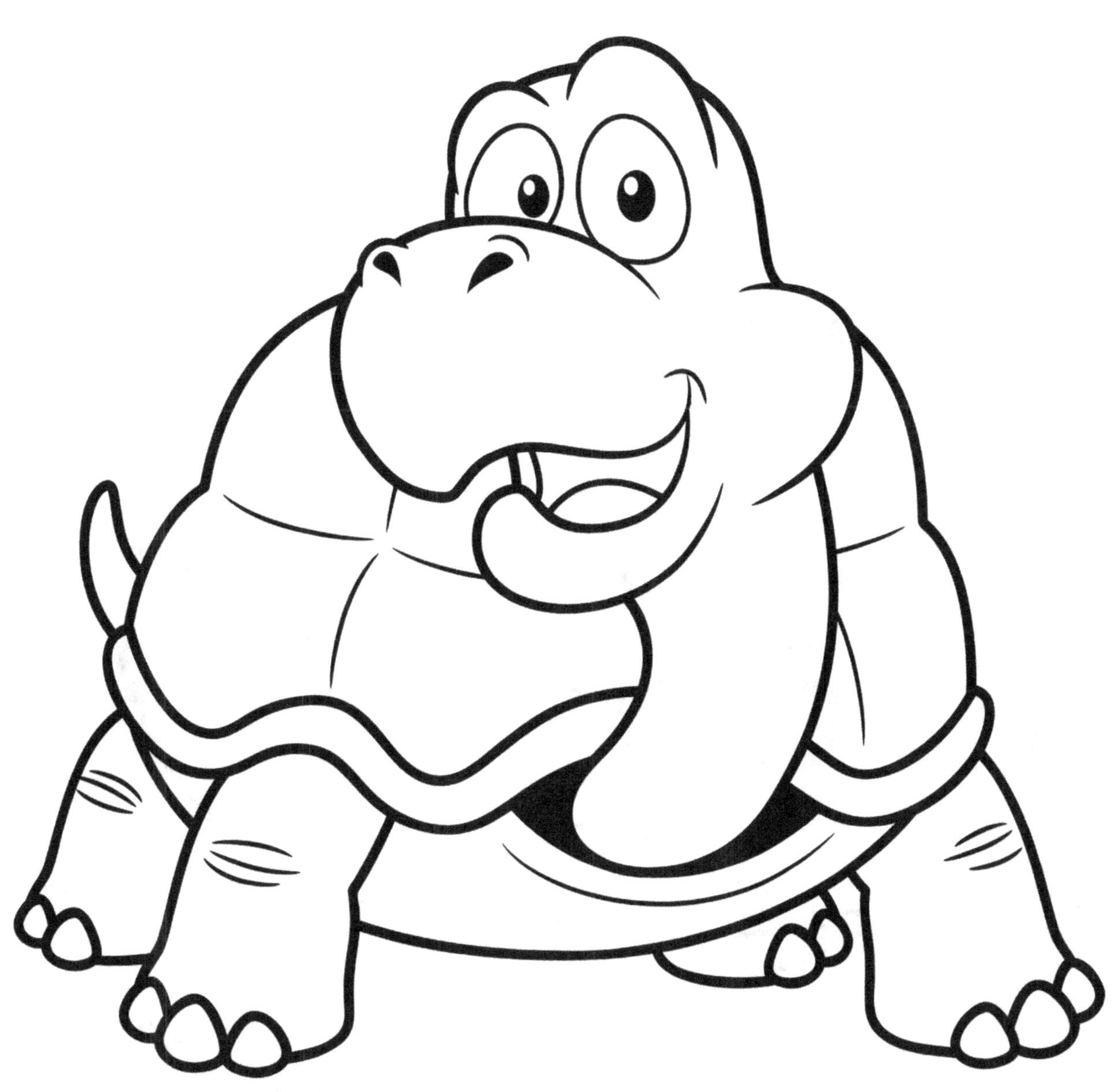

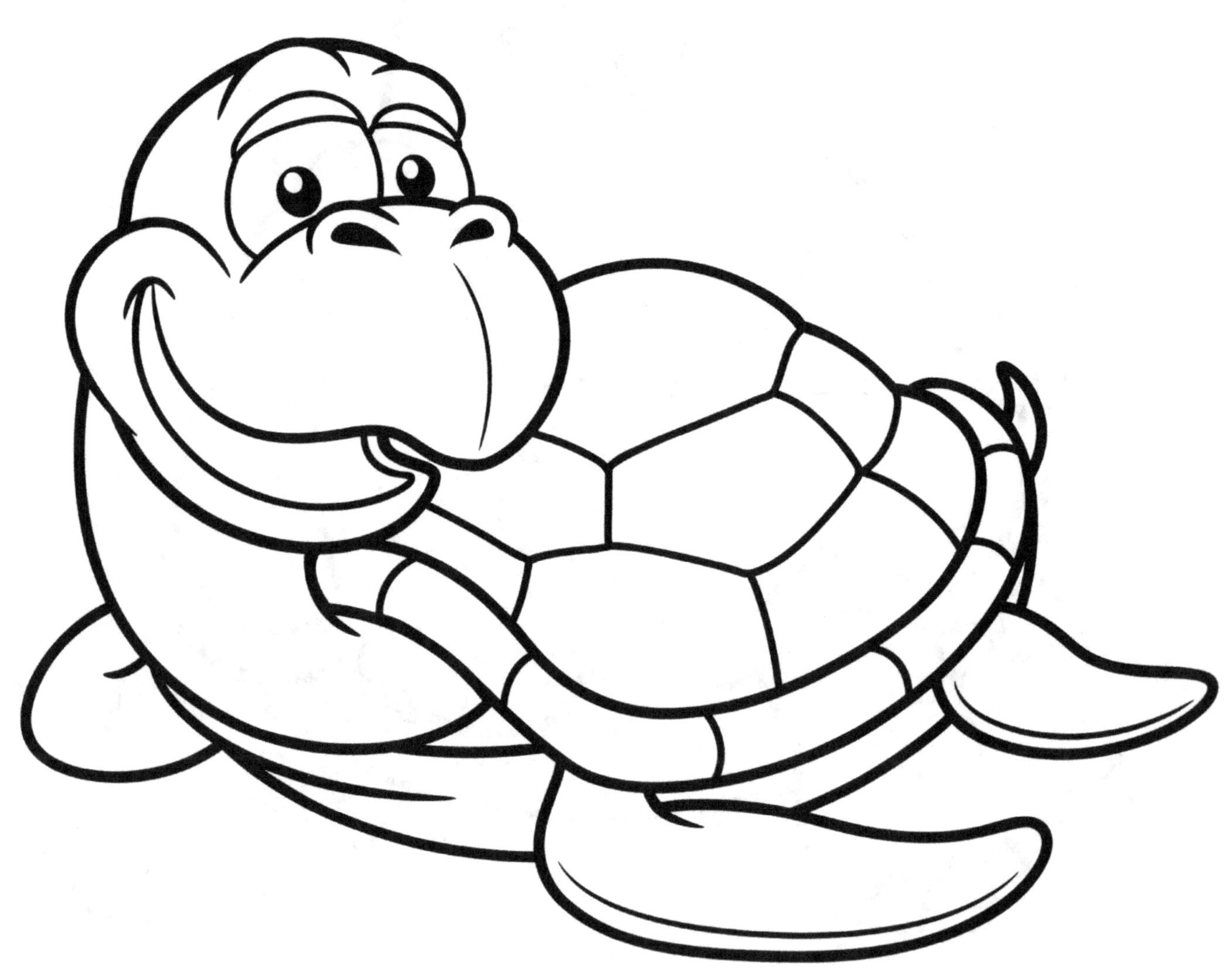

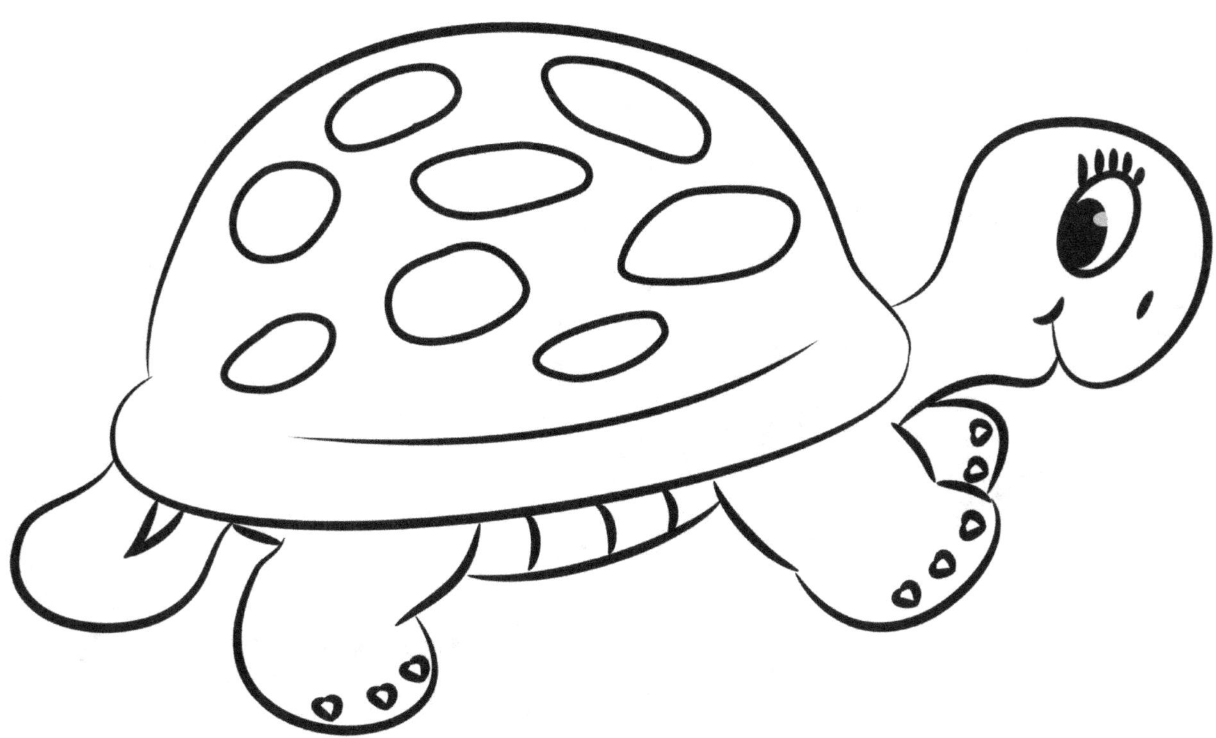

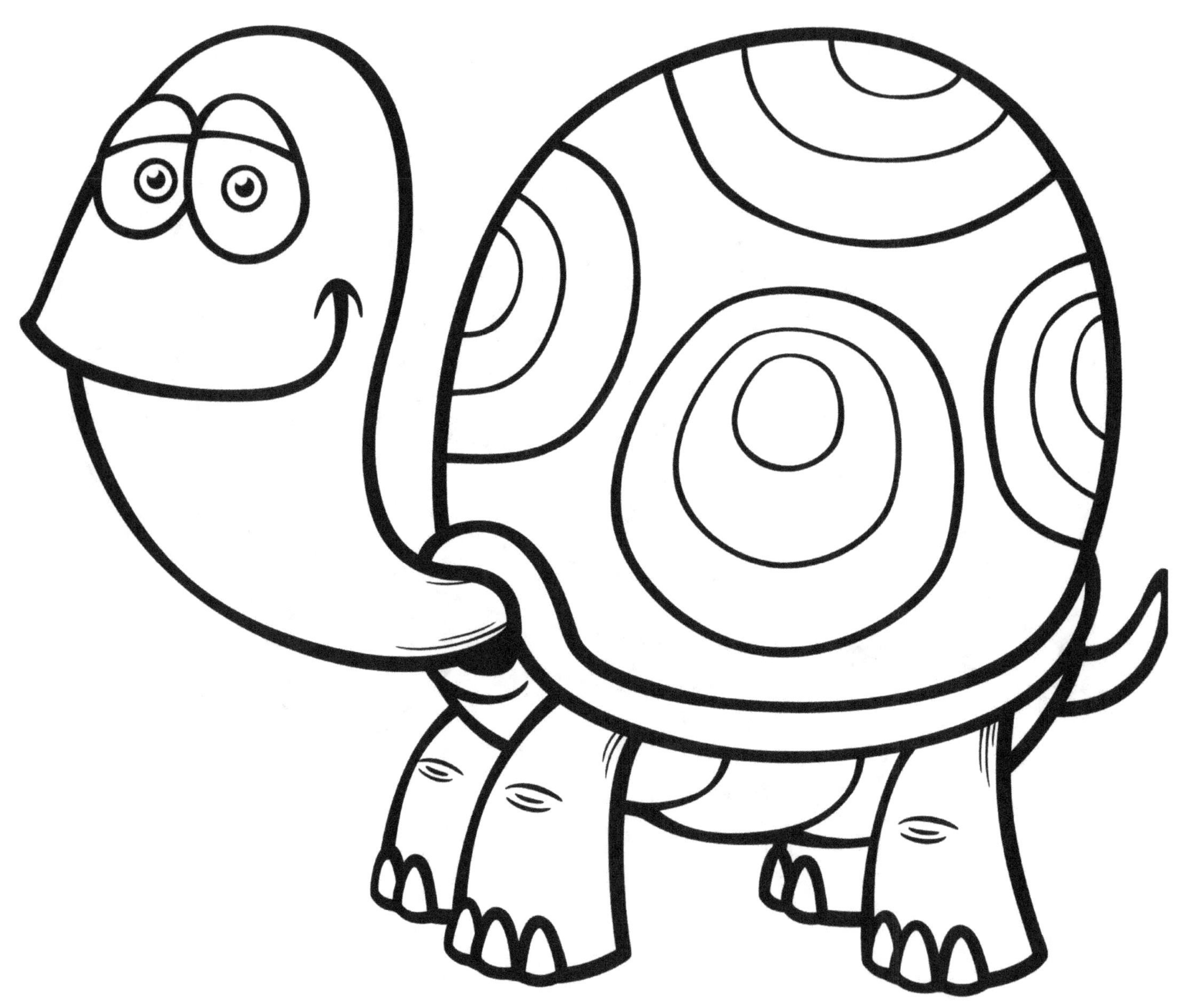

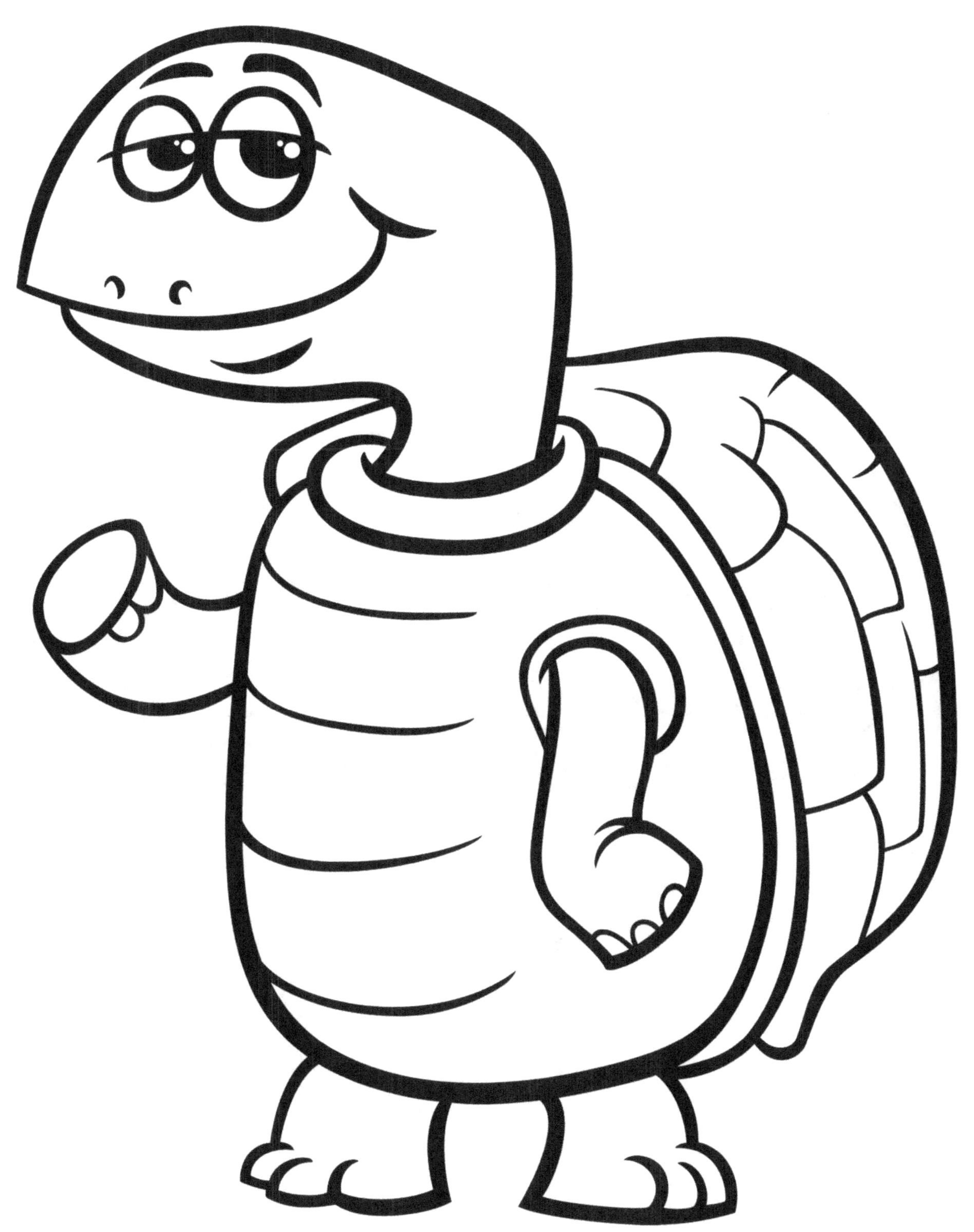

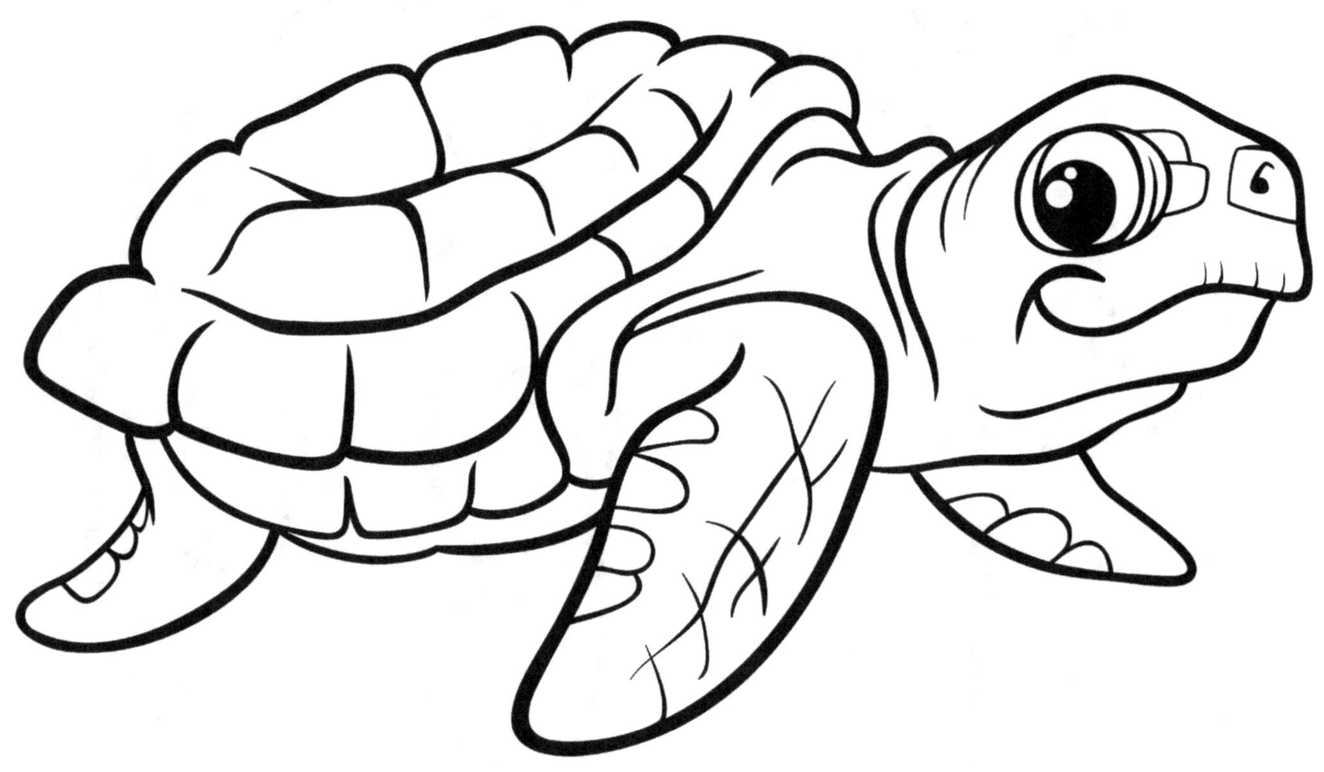

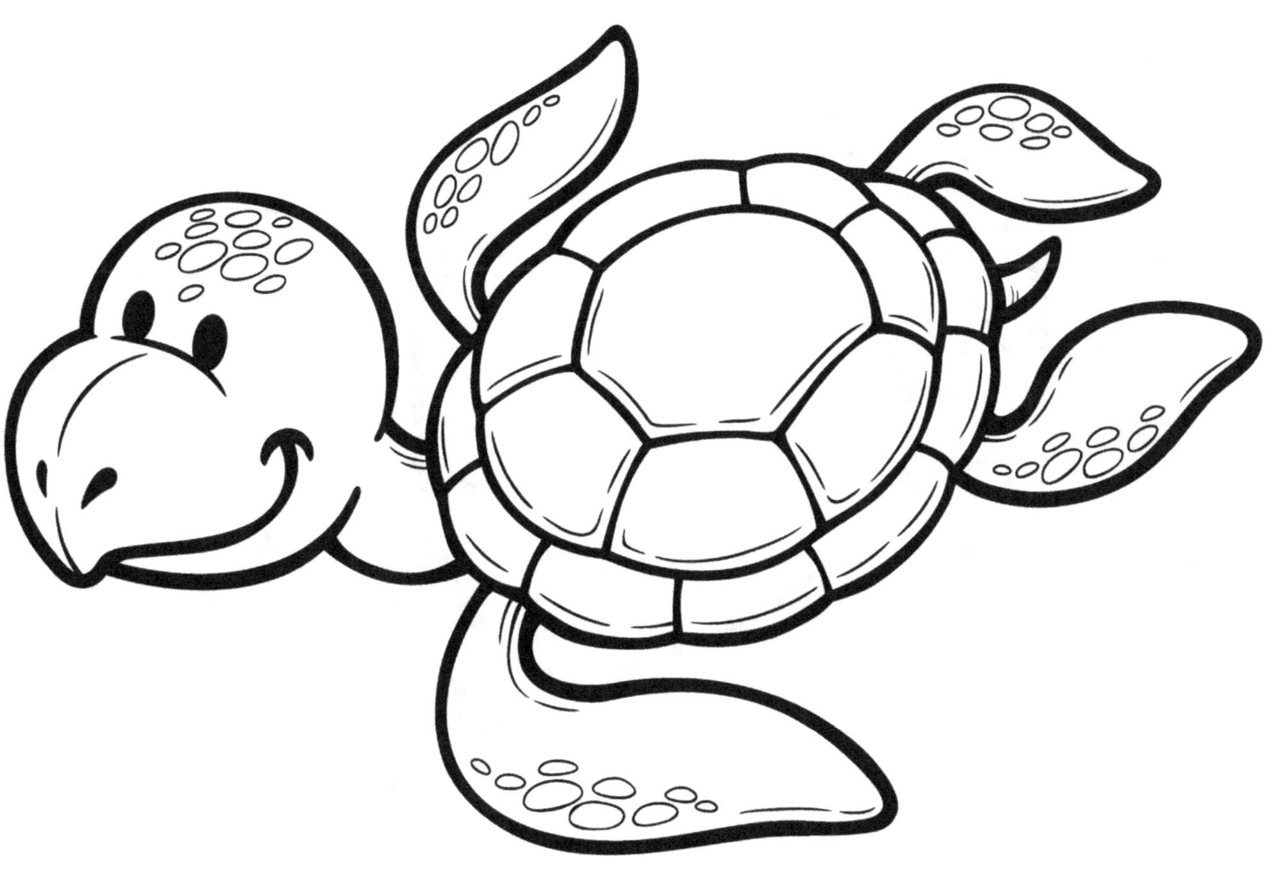

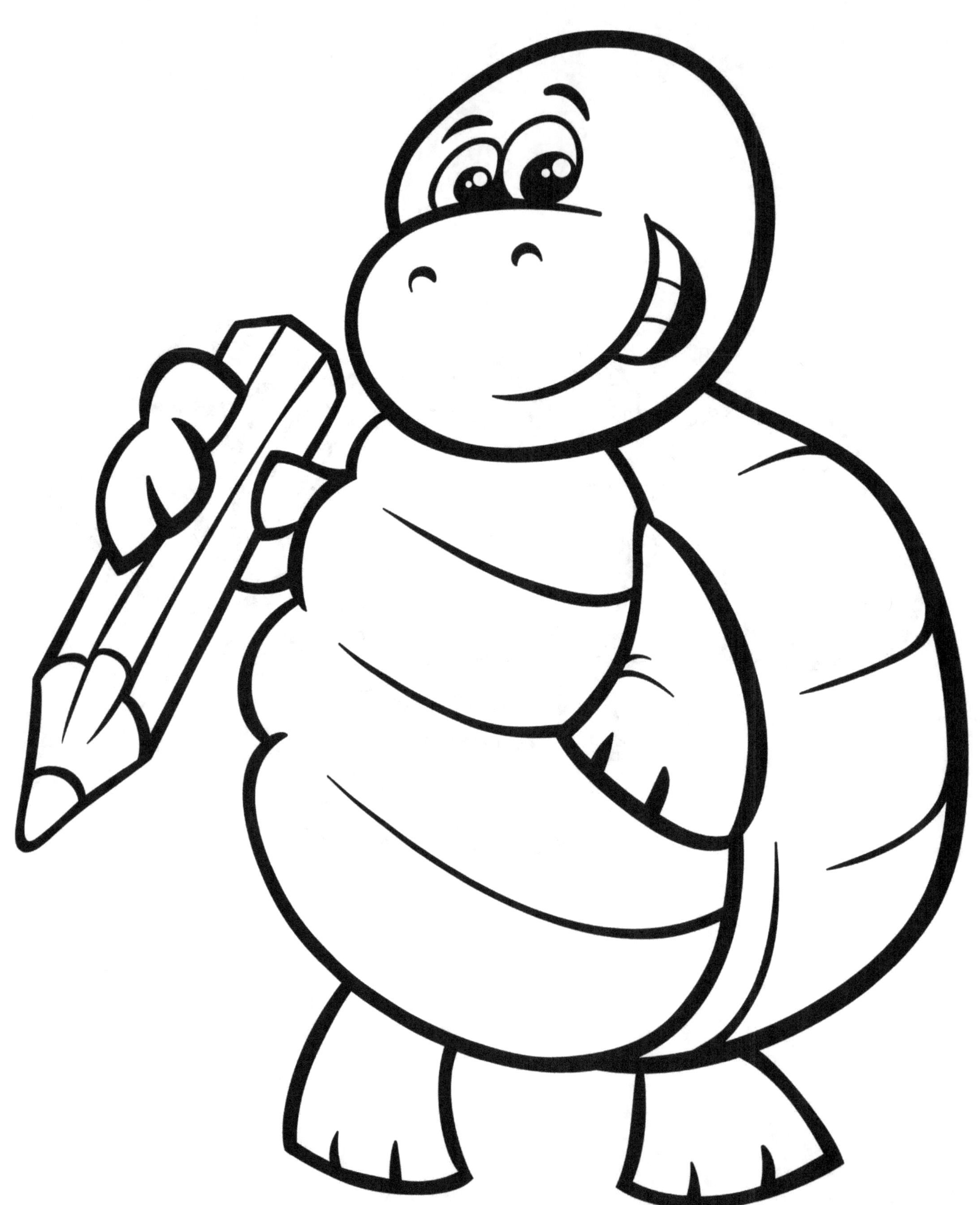

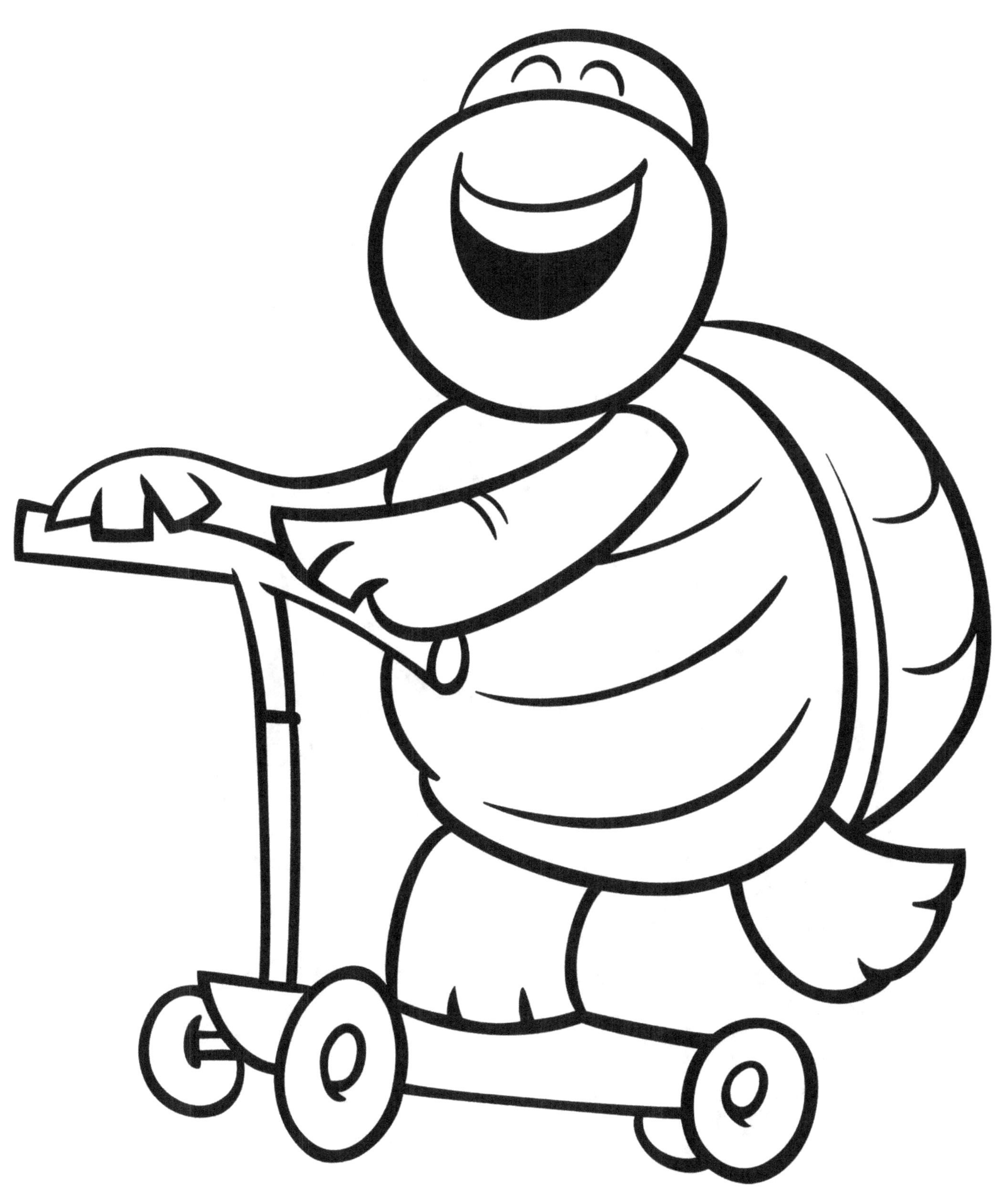

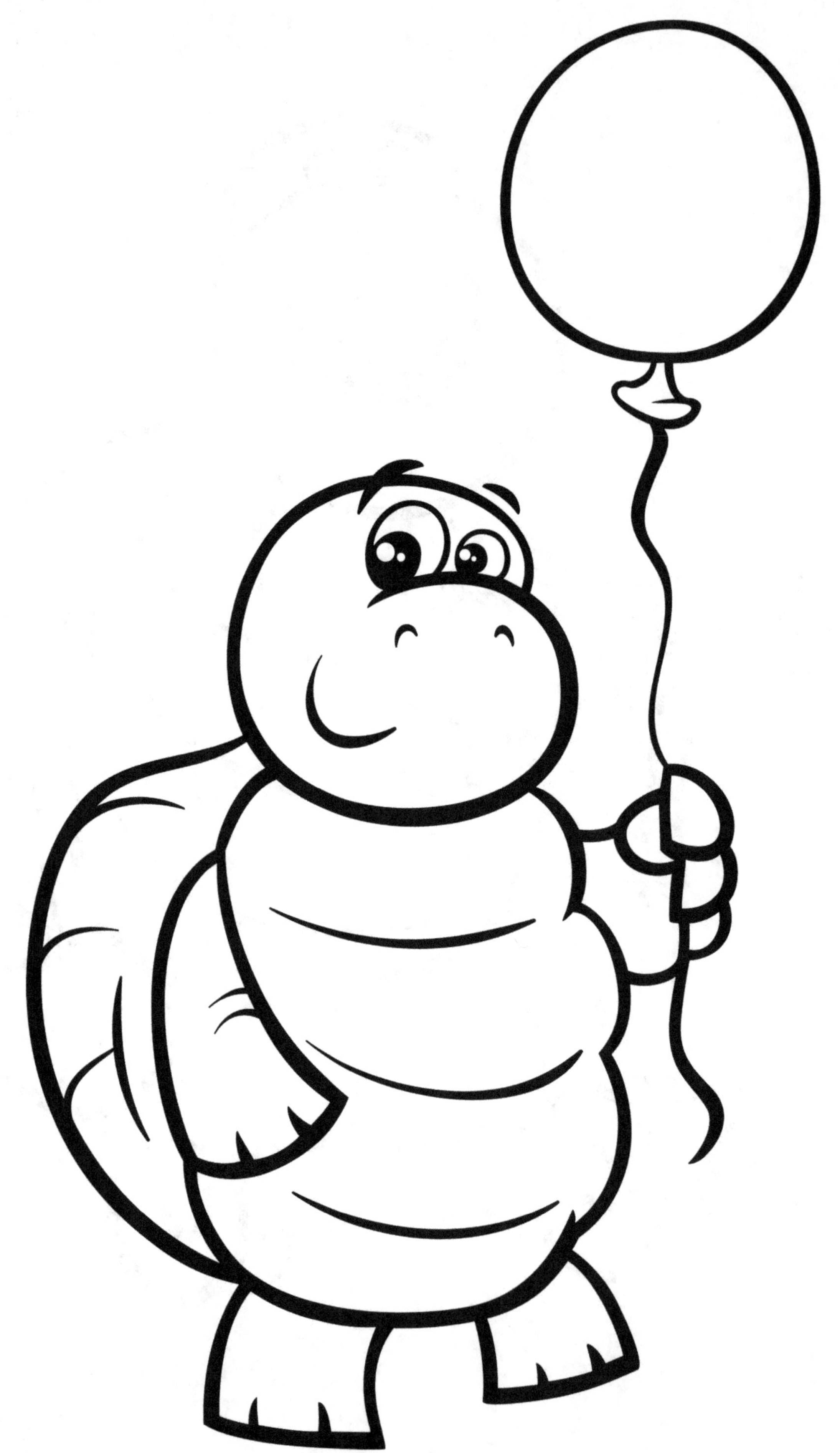

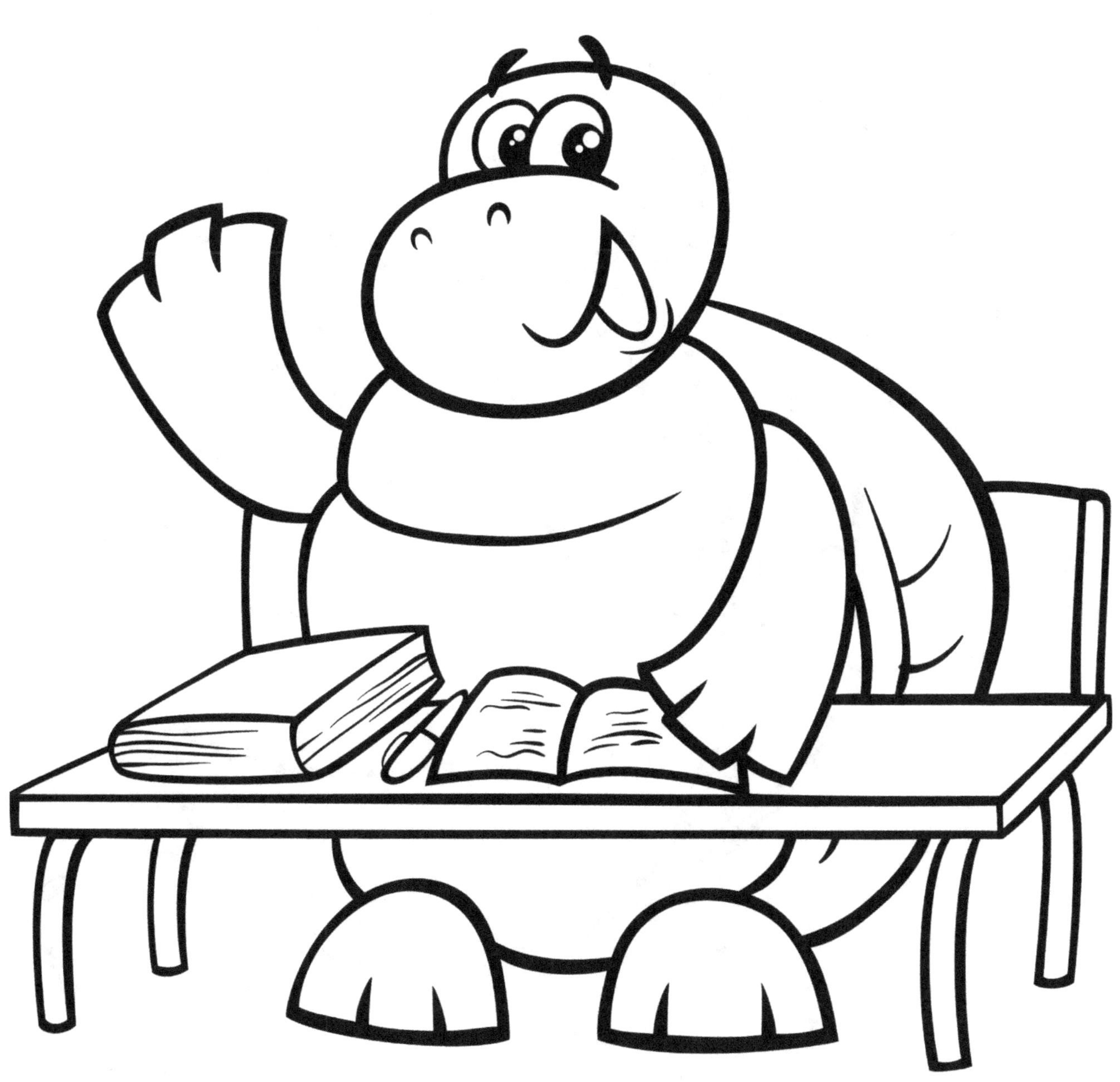

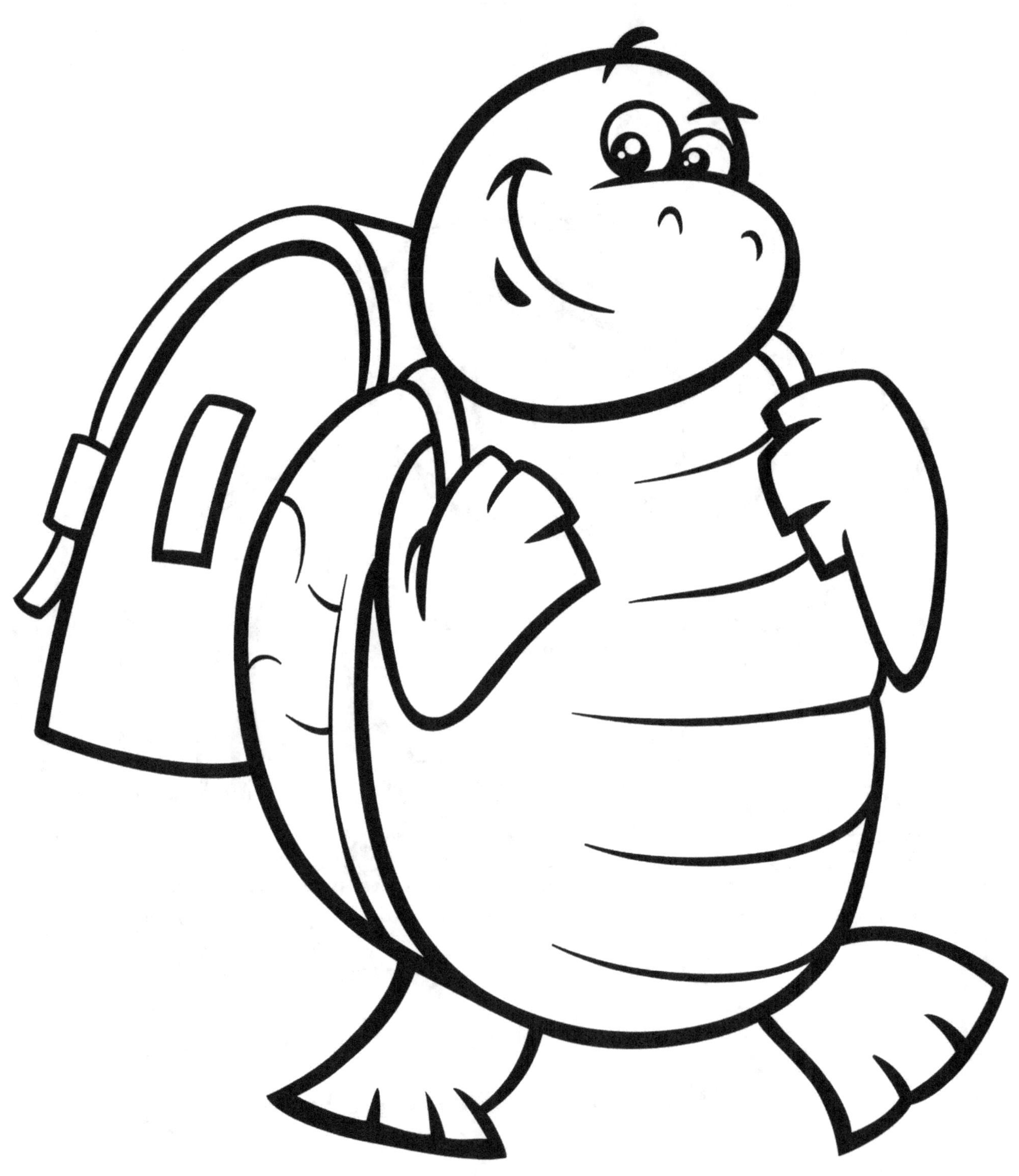

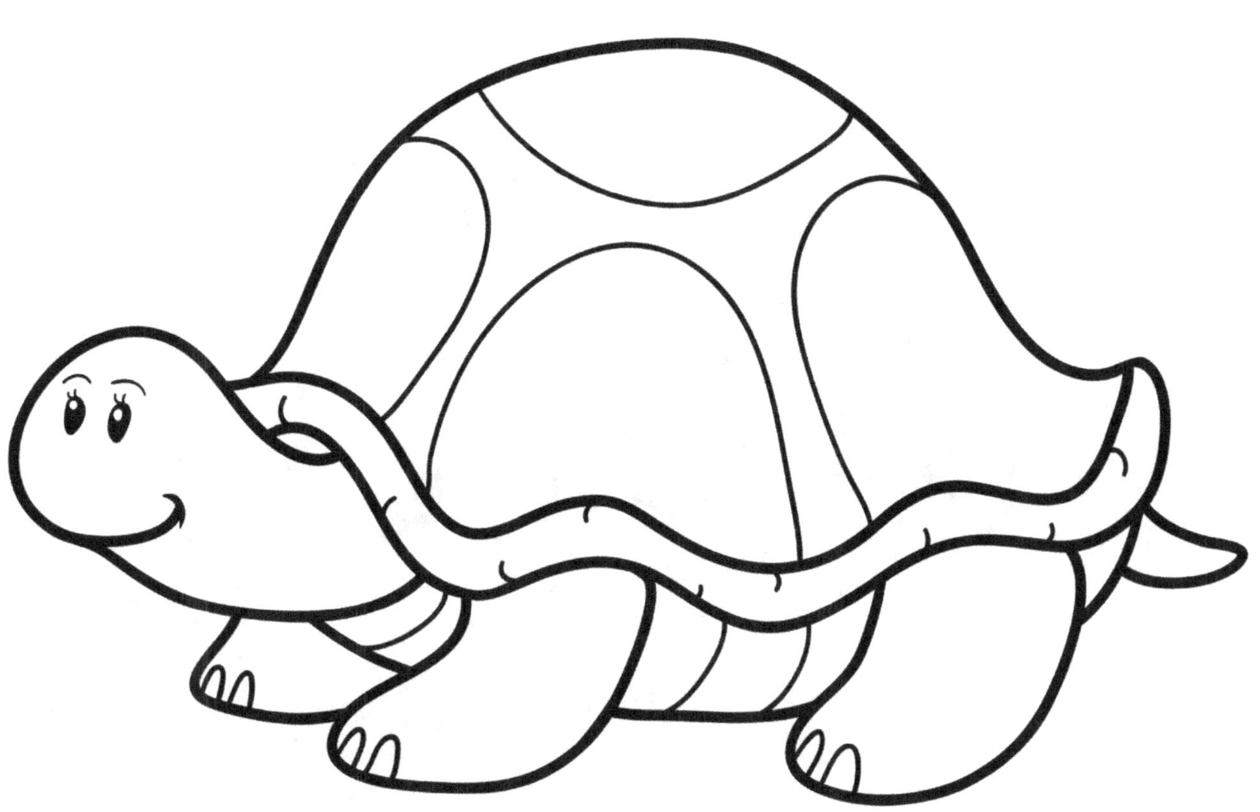

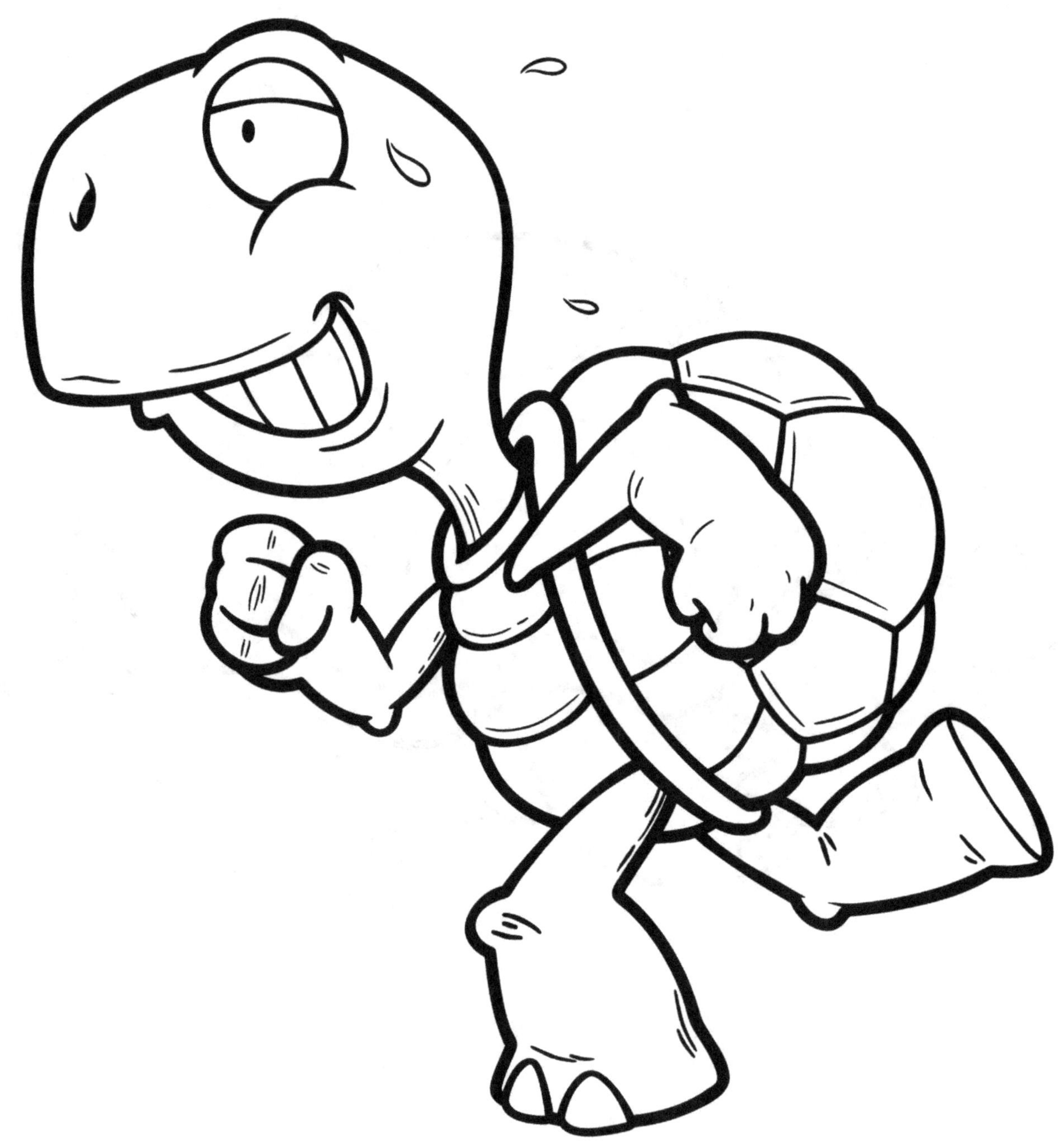

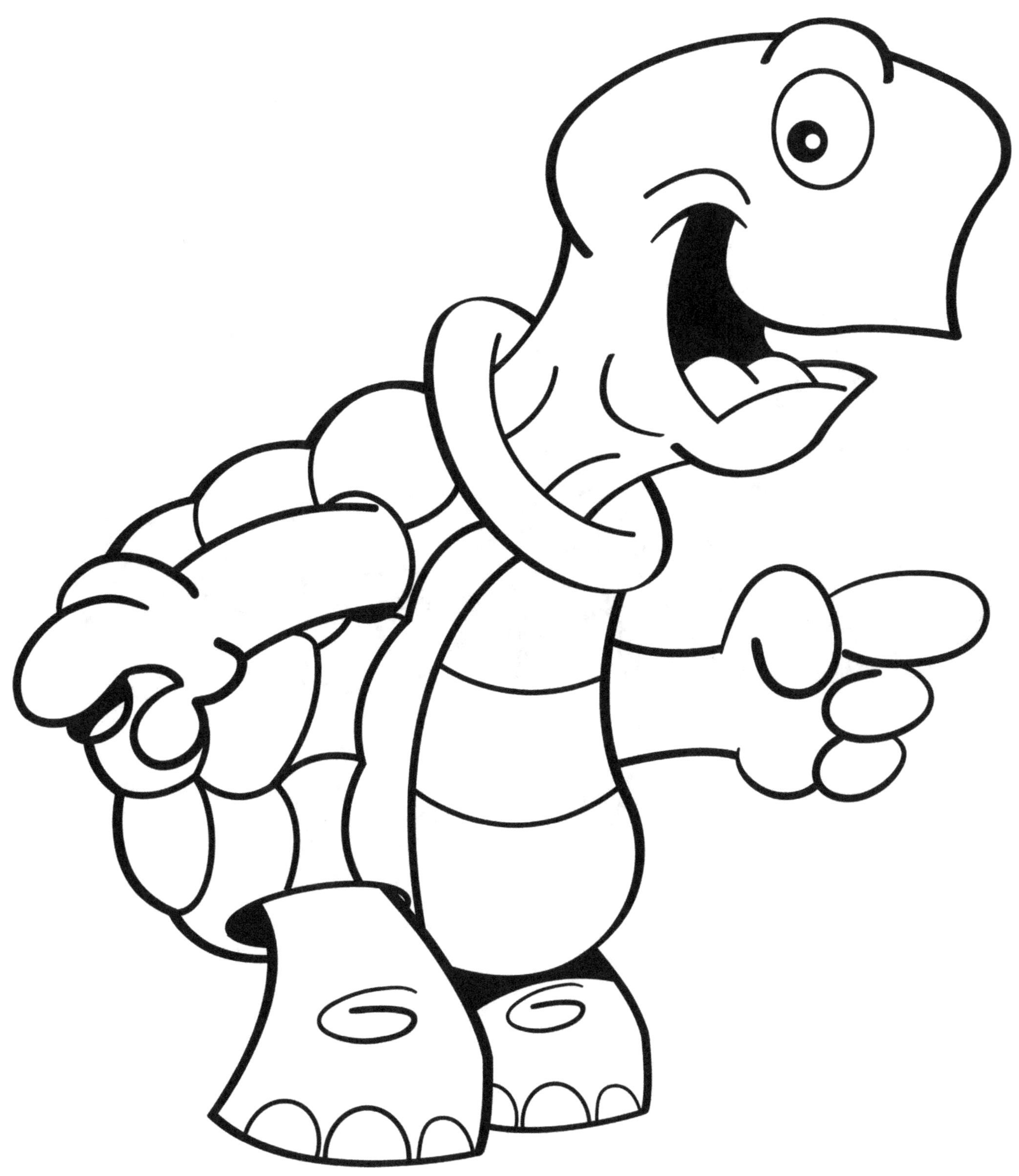

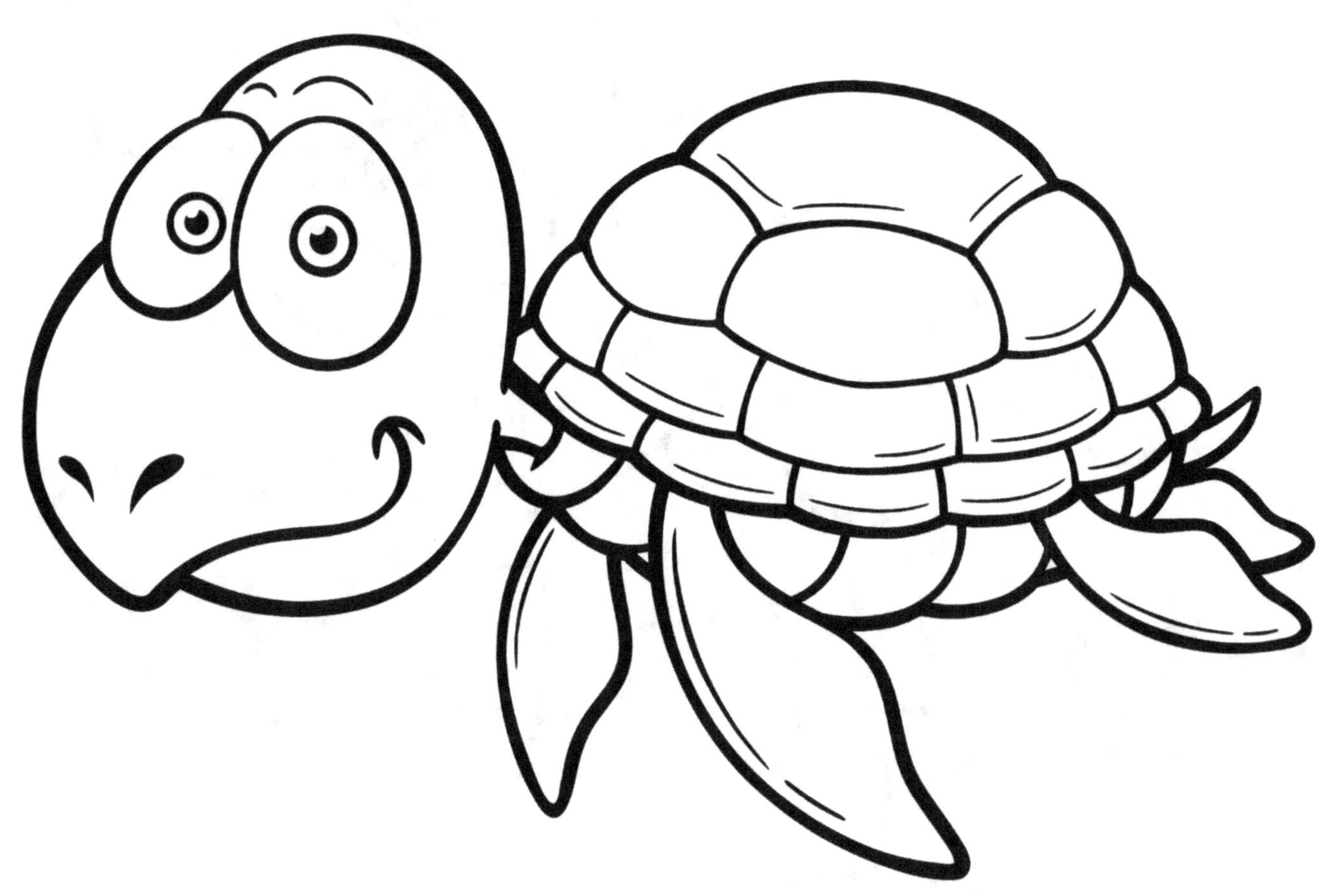

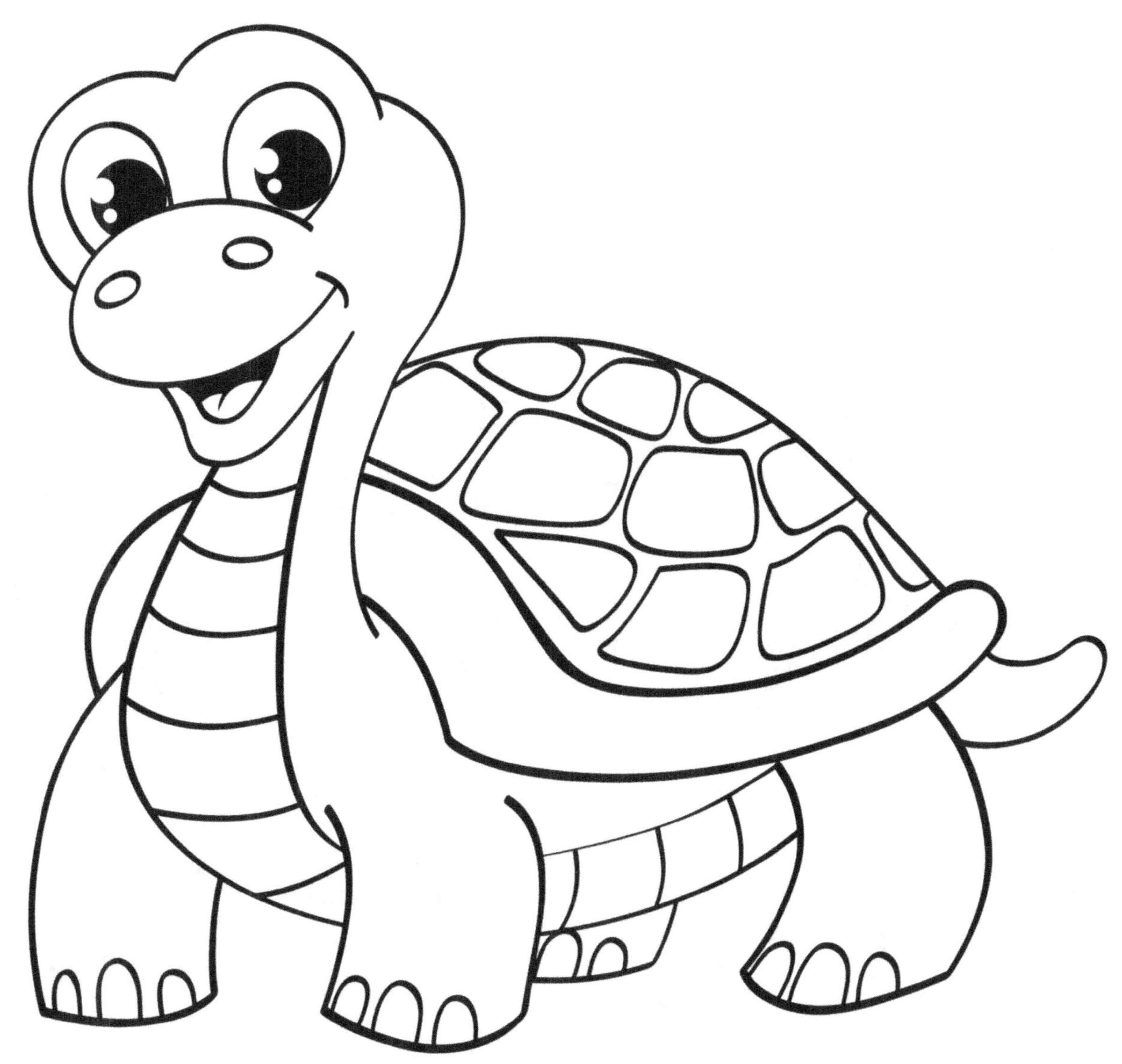

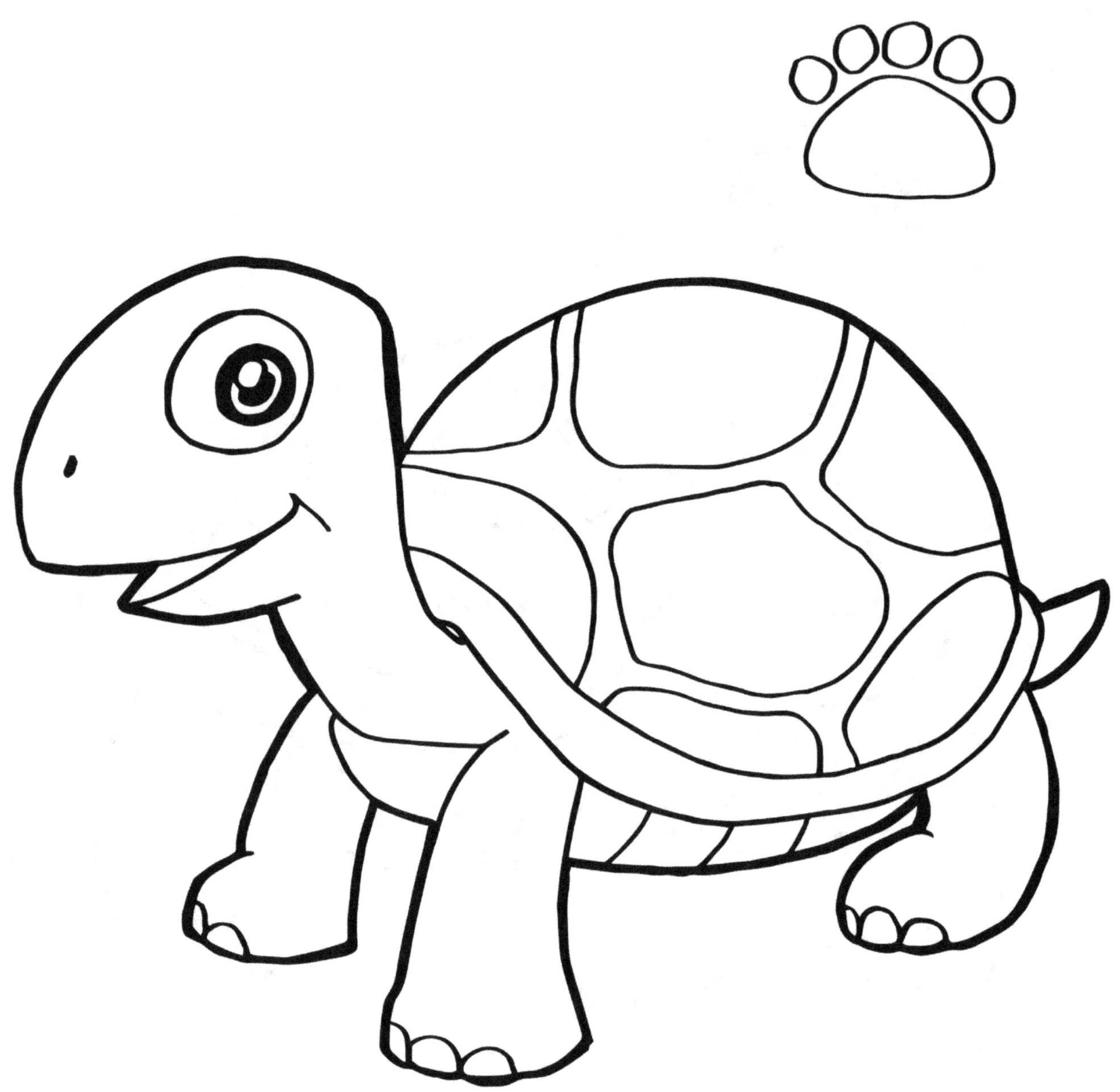

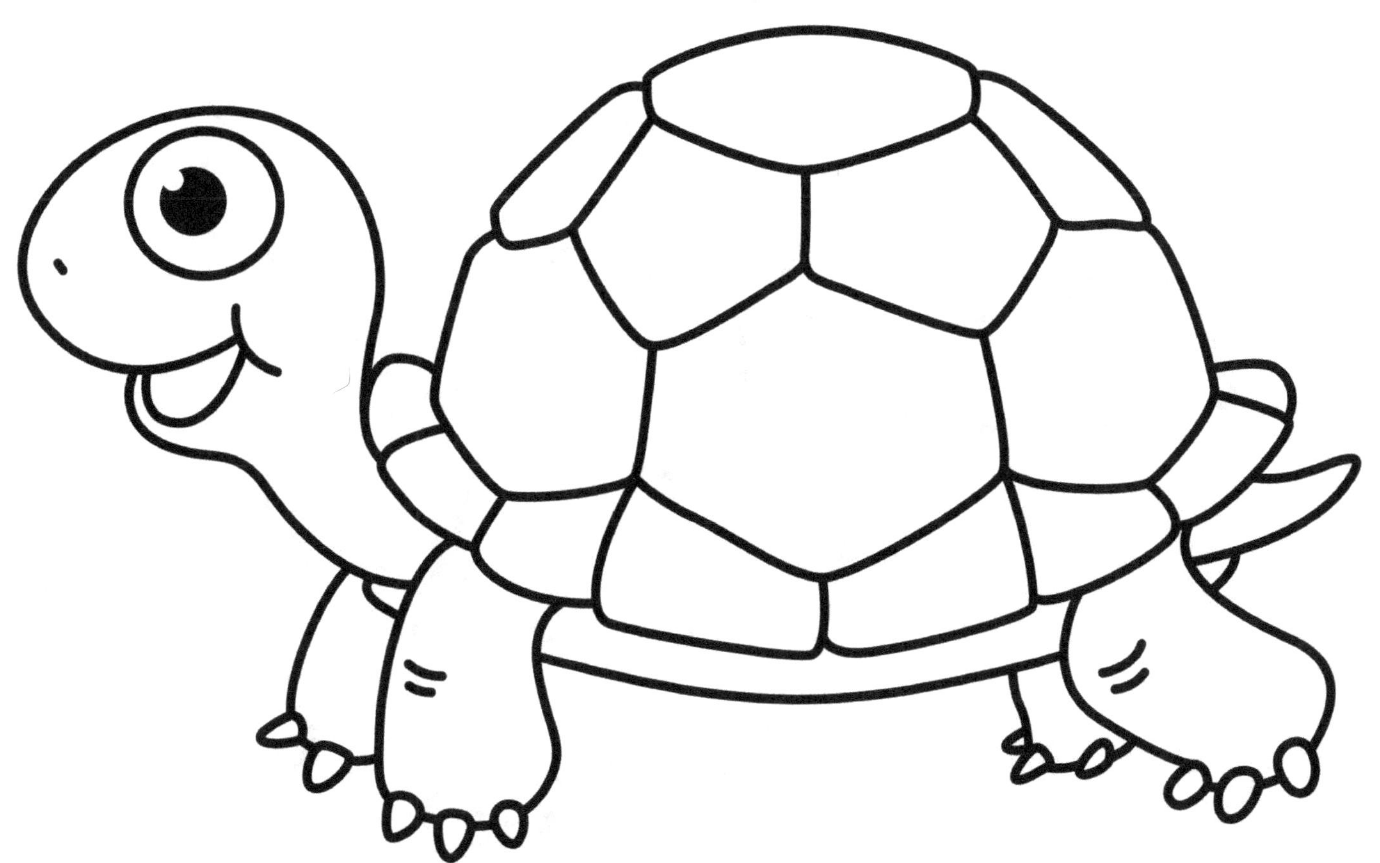

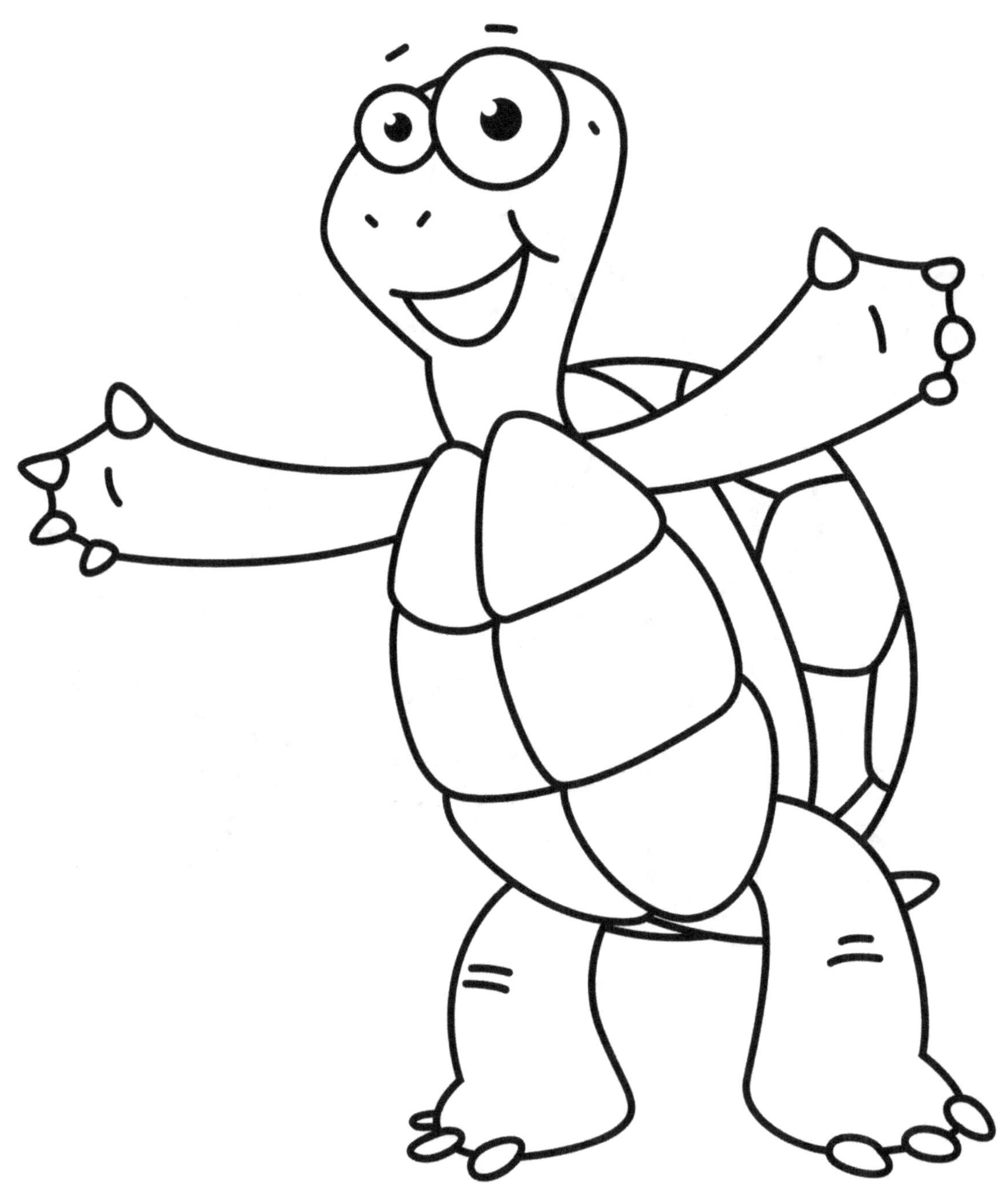

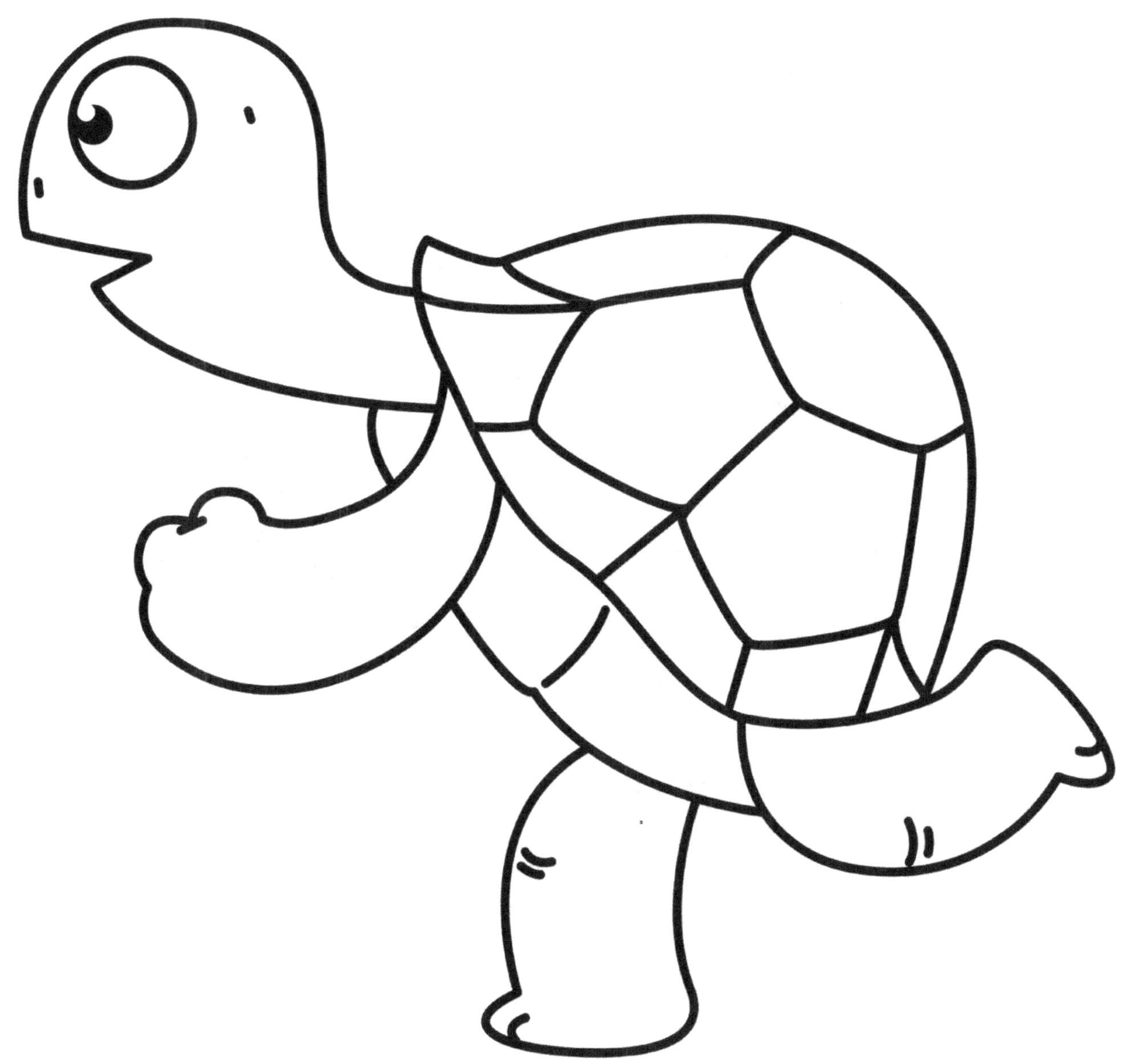

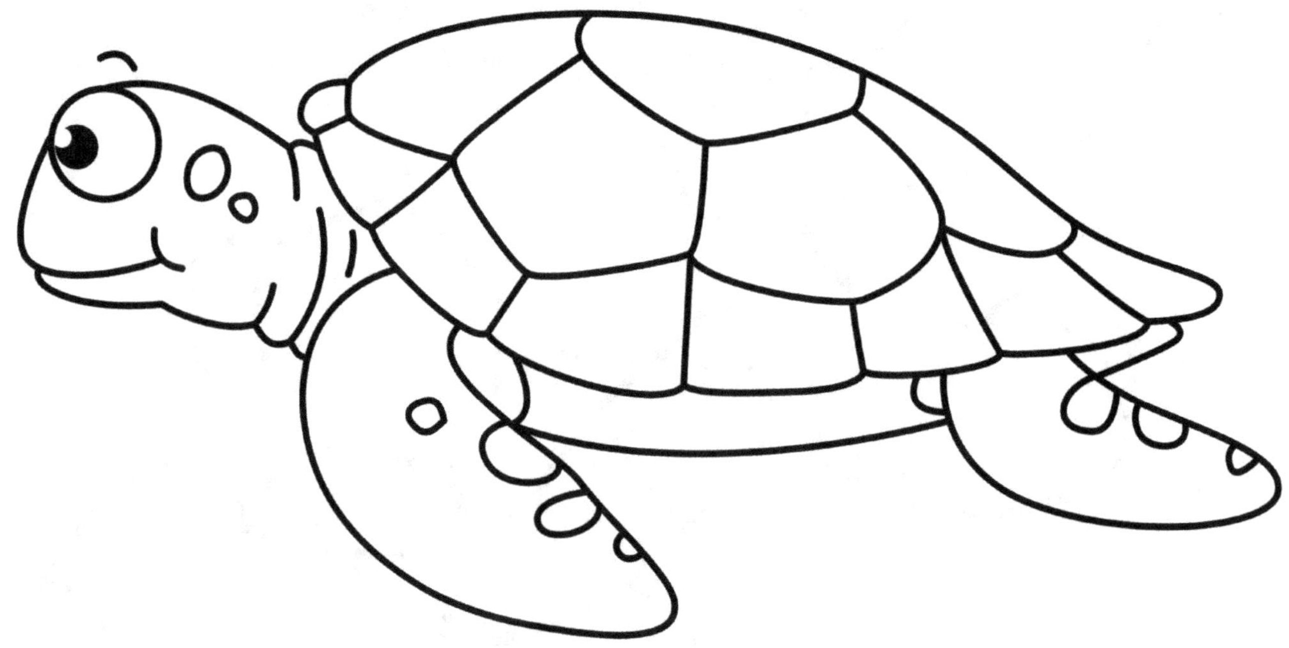

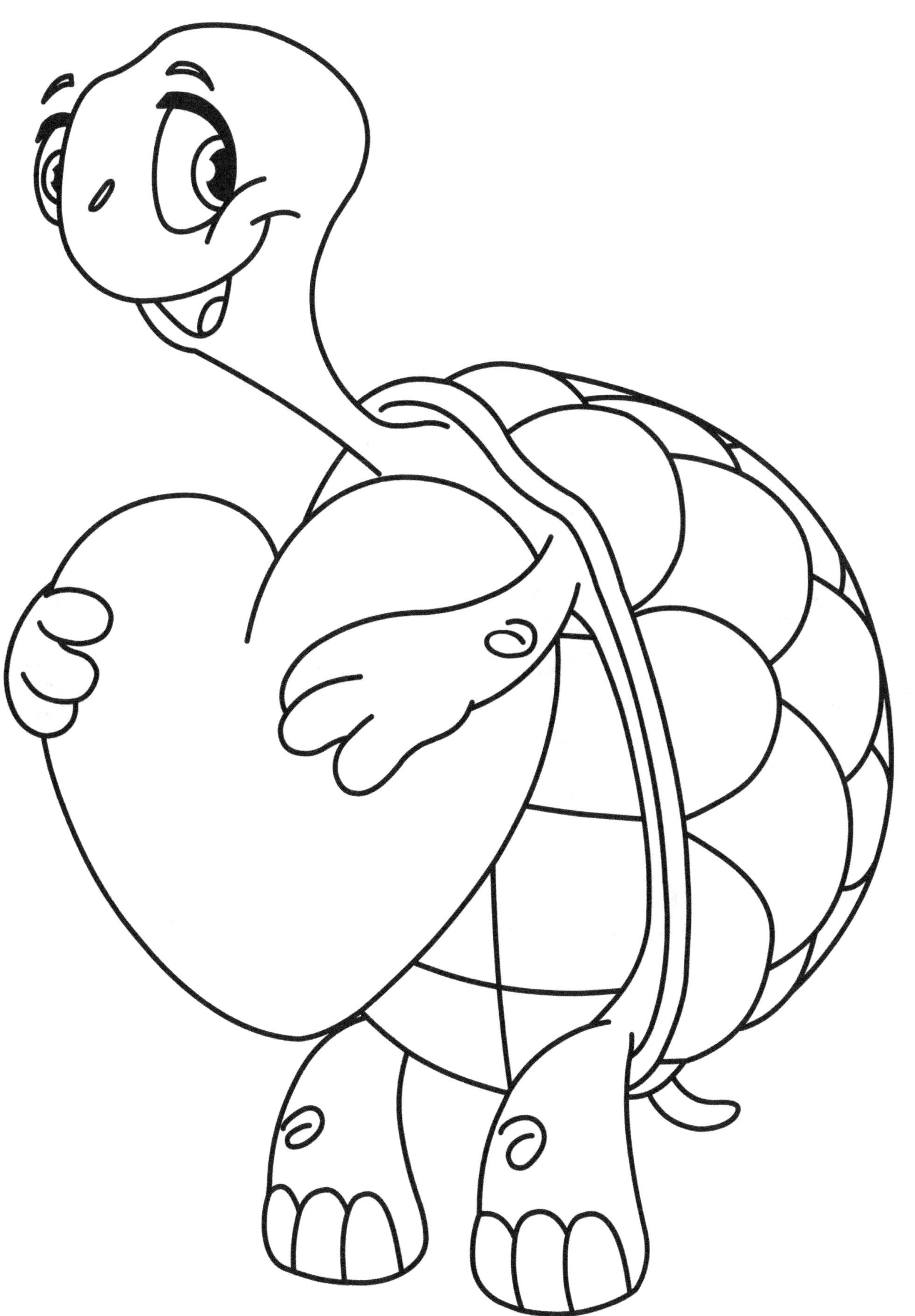

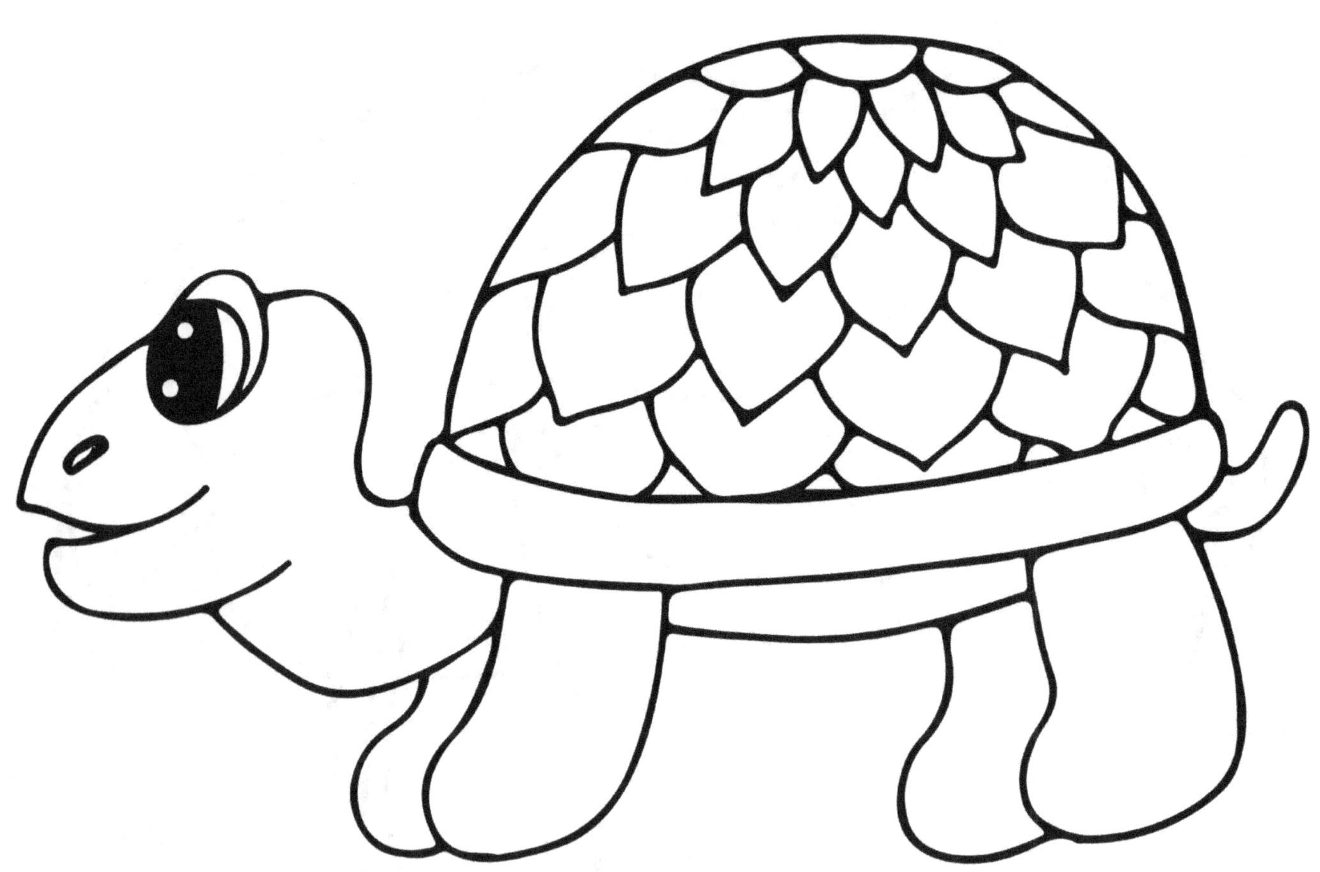